61 AQUARELLES

PAR

EUGÈNE LAMI

DÉPENDANT DES

COLLECTIONS DE SAN DONATO

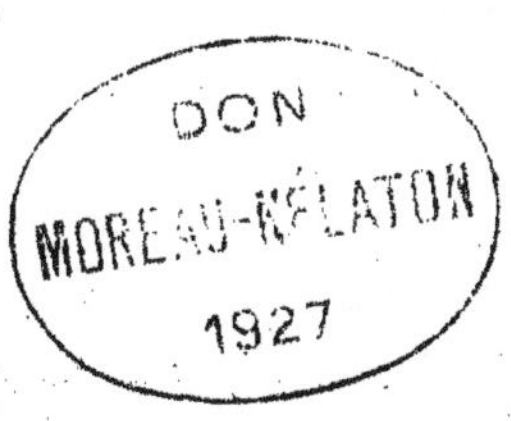

— La salle nº 8 de l'hôtel Drouot sera certainement célèbre dans l'histoire de l'art contemporain, car c'est là que se sont faites les ventes les plus intéressantes de ce temps. Les noms et les talents de nos artistes y passent quotidiennement au creuset de la mode ou du goût public; on y apprend ce que l'on vaut, et l'on peut s'y juger soi-même dans l'incognito que vous laisse une foule indifférente à tout ce qui n'est pas son intérêt.

C'est ainsi que vendredi, 2 juillet, les admirateurs de M. Eugène Lami sauront à quoi s'en tenir sur ce que l'on pense aujourd'hui de la grande réputation de l'artiste, et à quel taux l'on estime ces aquarelles qui faisaient fureur autrefois et qui ravissaient nos pères. Pour nous, nous en augurons un renouvellement de vogue, non pas pour l'art d'aquarellisse d'Eugène Lami, dépassé de beaucoup par les nouveaux venus, mais à cause de l'esprit très-parisien et très-acéré qui distingue ses compositions.

Certes, le peintre a fait beaucoup mieux que dans ces soixante et une études, qui ne sont guère que des pochades, et dont tout le prix vient précisément de cette réunion en une collection que les enchères vont disperser; mais même dans ses morceaux importants, il n'a jamais poussé plus loin la finesse de l'observation. L'exactitude des costumes, des coiffures, des allures, la vérité des ridicules saisis sur le vif, des types caractéristiques de la fashion de 1830, donnent à cette série intitulée *Histoire de mon temps* un haut attrait de curiosité et comme un parfum du temps passé.

On y retrouve dans ses détails amusants toute la vie de cette époque romantique si jeune, si turbulente et si passionnée, et l'on ne peut s'empêcher de sourire mélancoliquement aux souvenirs qu'elle évoque. A cette pénétration toute française, Eugène Lami unit un réel talent de coloriste, une souplesse rare dans l'art de composer les scènes et de camper les personnages, et vingt autres qualités de terroir qui le placent définitivement parmi les premiers peintres de mœurs de ce siècle, et, si l'on veut, entre Achille Deveria et Gavarni.

CATALOGUE

D'UNE

SUITE INTÉRESSANTE

DE

61 AQUARELLES

PORTANT COMME TITRE

Histoire de mon temps

PAR

EUGÈNE LAMI

Dépendant des Collections de SAN DONATO

ET DONT LA VENTE AURA LIEU

HOTEL DROUOT, SALLE N° 8

Le Vendredi 2 Juillet 1875,

à deux heures et demie.

EXPOSITIONS :

PARTICULIÈRE : Le Mercredi 30 Juin 1875
PUBLIQUE : Le Jeudi 1er Juillet 1875
De 1 heure à 5 heures.

COMMISSAIRE-PRISEUR
Me CHARLES PILLET
10, rue de la Grange-Batelière.

EXPERT
M. FÉRAL, PEINTRE
23, rue de Buffault.

CONDITIONS DE LA VENTE

Elle sera faite au comptant.

Les acquéreurs payeront *cinq pour cent* en sus des adjudications.

Paris. — Typ. PILLET fils aîné, 5, rue des Grands-Augustins.

Les soixante et une aquarelles par M. Eugène Lami, actuellement mises en vente, proviennent de la célèbre galerie de San-Donato. Elles ont été peintes de 1836 à 1840, à la demande du prince Anatole Demidoff, et spécialement pour lui. C'est à cette circonstance, croyons-nous, qu'elles doivent de n'avoir point été comprises dans la grande vente de 1870. En se défaisant alors d'une partie de ses richesses artistiques, le prince s'était réservé celles-là, entre autres, à cause du souvenir intime et personnel qui s'y rattache.

M. Eugène Lami a donné, à cette suite d'aquarelles qui forment comme un œuvre à part dans l'ensemble de ses travaux, un titre général; il les a appelées : *Histoire de mon temps*. Ce titre, elles le méritent, non parce qu'elles retracent des événements accomplis entre ces deux dates: 1836-1840, mais parce qu'elles reproduisent et conservent pour l'avenir quelques-uns des types accentués et curieux d'une génération déjà loin de nous, et dont nous voyons, chaque jour, disparaître, l'un après l'autre, les derniers survivants. Ce n'est pas de l'histoire à la manière des *Mémoires* de M. Guizot, avec lesquels, cependant, ces aquarelles ont plus d'un point de contact; mais, assurément, c'est de l'histoire à la façon des romans de Balzac dont elles semblent, parfois, des pages détachées. Par l'exactitude des figures et du costume, par la fine et profonde observation des habitudes et des mœurs, par a spirituelle malice qu'on rencontre presque sous chaque trait, elles tiennent de bien près, elles aussi, à ce monde imaginaire et pourtant si réel de la Comédie Humaine.

Entrez avez M. Eugène Lami dans la *Galerie du Musée, un jour d'étude* : vous apercevrez, tout d'abord, juché sur son échelle, le rapin de l'école romantique ; chapeau en pointe, barbe en fourche, cheveux en coup de vent; s'il ne peind pas la tête de ses contemporains, il s'en fait une : l'art pour l'art! et quant à ces Messieurs de l'Institut!!!... vous devinez le reste. Ce type a disparu à peu près; les peintres, même à l'état d'apprentis, s'habillent aujourd'hui comme nous tous.

Est-ce dans les bureaux d'un journal que vous préférez aller? Chez les *Intellectuels*? Ne vous gênez pas : vous surprendrez une partie de la rédaction, causant et fumant, couchée sur des divans; l'autre, plongée dans des fauteuils, enfonce jusqu'aux coudes ses mains dans ses poches et en creuse la doublure pour en extraire, s'il se peut, l'idée de l'article qu'attend l'imprimeur. C'était le temps, 1836, où le journalisme était un sacerdoce! Dans la pièce à côté, on discute les questions sociales. Les poings se ferment, les cheveux se hérissent; mais rassurez-vous, si la discussion va trop loin, le vaudevilliste, bon enfant, en train de terminer un couplet, saura à propos mettre le holà et dénouer la situation par un calembourg. Pour ce qui est du jeune homme de province qui a entr'ouvert la porte et se tient respectueusement debout, son chapeau à la main, son parapluie sous le bras, une relique de famille, ce parapluie! il peut rester là longtemps avec son stock d'illusions et de vers inédits! Qu'il s'enivre à son aise du bonheur de contempler des grands hommes de près, nul ne le dérangera; à moins que le garçon de bureau ne vienne lui proposer un abonnement.

Et *un poète d'à présent*, savez-vous comment cela travaillait, toujours en 1836, quand l'inspiration fatal., irrésistible s'emparait de son âme et la dominait? Il achève de déjeuner; le feu pétille dans l'âtre; ses deux pieds sont posés sur la tablette de la cheminée à la hauteur de la pendule : il digère. Un squelette, accroché à la muraille, lui rappelle le néant des choses humaines. Tout est donc pour le mieux dans le meilleur des mondes possibles. C'est le moment d'écrire quelque poëme désenchanté comme *Rolla* ou *les Nuits*.

Il n'y a pas que des scènes de la vie de Bohême dans cette suite d'aquarelles. Voici venir maintenant le monde bourgeois : les *dilettanti en action,* par exemple, et les *impressions musicales.* Les premiers, autour d'un long piano à queue faisant subir leur musique à leurs invités; les seconds, dans une loge de théâtre, subissant, chacun selon son tempérament, la musique des autres.

Dans ce monde bourgeois, il y a les dîners et les bals. Le dîner au Rocher de Cancale, où les vieux amis se retrouvent après des années d'absence, et où l'on réveille gaîment les souvenirs d'autrefois. Le champagne rafraîchit la mémoire. On cause, on fume, on boit; et comme on perd toujours, en pareil cas, un peu de son équilibre et de sa fierté, on rentre, le moment venu, familièrement appuyé sur le bras de son laquais.

Les bals, il y en a de plusieurs sortes; chacun d'eux exige une tenue et des habits différents. Il y a les bals où l'on va revêtu de son uniforme de garde-national; ce sont ceux de l'Hôtel de Ville. Ce soir-là, Madame arbore son plus beau turban à aigrette, et le gamin de Paris, la voyant passer, lui fait le salut militaire, la prenant sans doute pour le colonel de la légion. Il y a les bals de l'Opéra, où l'on conduit sa femme déguisée en domino et masquée. Madame s'amuse, elle a ses raisons pour cela; mais comme on s'étire, et comme on regrette d'être venu. Il y a encore les bals d'enfants où l'abus des friandises force, à un moment donné, la moitié des danseurs à disparaitre. On les retrouve dans une salle voisine, appropriée à la circonstance, entièrement livrés aux mains des gouvernantes. Pierrot est pâle naturellement, le garde-française a abandonné ses airs vainqueurs; quant à Arlequin, il a perdu sa batte, sa malice et ses culottes. Il y a enfin le bal de tous les jours, où quelque jeune fille sans dot, restant isolée sur sa banquette, se demande mélancoliquement : *Comment ne m'invite-t-on pas ?*

Aimez-vous les scènes plus intimes? Pénétrez dans l'intérieur des familles. Vous y assisterez à de vives causeries, à d'instructives lectures dans les riches salons d'une société élégante et spirituelle, où les vieillards jouent aux cartes et où se forment *les diplomates en herbe.* C'est là, dans ces salons, que se nouent, se poursuivent et se dénouent les multiples intrigues de la politique ou de l'amour; que s'agitent, avec des formes pleines de réserve qui n'enlèvent rien à leur âcreté, les mille passions de l'ambition ou de l'intérêt. Hier, c'était la présentation d'un prétendu; demain, ce sera la signature d'un contrat. Ici, c'est une famille affectueuse s'empressant tout entière autour d'une convalescente; là, c'est une femme jeune et belle encore, qui finit de dîner, seule et triste, devant le couvert intact de Monsieur, qu'on a longtemps et vainement attendu. Cela s'appelle : *la seconde année.*

A côté de ces aquarelles où M. Eugène Lami, le peintre des élégances fashionables, a traduit avec tant de charme, de laisser-aller et d'esprit, l'existence des gens du monde, leurs joies et leurs douleurs, leurs occupations et leurs loisirs, les chasses, les courses, les promenades au bois, etc.; il en est d'autres où sa verve satirique s'est donné encore plus libre carrière. Tels sont : *la Fontaine de Jouvence*, *les Degrés de l'intelligence humaine*, *les Sept péchés capitaux*, *les Contrastes*, et même ce *Whist diplomatique*, où, sous les trait un peu chargés des quatre partenaires, il est facile de reconnaître des personnages célèbres qui ont joué un rôle décisif dans certains événements de notre siècle.

A tout moment de l'année, une vente d'aquarelles aussi importantes n'eût pas manqué d'attirer l'attention des amateurs ; à l'époque où nous sommes, ce sera pour eux une agréable surprise et une véritable bonne fortune.

Le nom du peintre nous dispense d'insister. Il n'est personne qui ne connaisse et n'apprécie, à sa valeur, ce talent qui joint tant de finesse et de grâce à tant d'observation ; un dessin si juste et si correct à des colorations si délicates et si douces; personne qui ne rende hommage à toutes les qualités exquises qui font de M. Eugène Lami un artiste éminemment français.

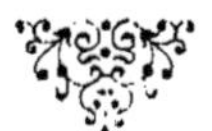

DÉSIGNATION

1 — La Galerie du musée. Les Jours d'étude.

Haut., 20 cent.; larg., 30 cent.

2 — Dilettanti en action.

Haut., 22 cent.; larg., 31 cent.

3 — Les Sciences et les Arts.

Haut., 18 cent.; larg., 22 cent.

4 — Les Sybarites après dîner.

Haut., 18 cent.; larg., 22 cent.

5 — Le Troisième acte de *Marie*.

Haut., 18 cent.; larg., 22 cent.

6 — Comment ne m'invite-t-on pas?

Haut., 17 cent.; larg., 19 cent.

7 — Un quart d'heure de bon temps.

Haut., 12 cent.; larg., 20 cent.

8 — Deux êtres bien faits pour se comprendre.

Haut., 18 cent.; larg., 22 cent.

9 — Les Vieux amis.

Haut., 18 cent.; larg., 22 cent.

10 — Un intérieur de famille.

Haut., 18 cent.; larg., 30 cent.

11 — Intellectuels.

Haut., 19 cent.; larg., 40 cent.

12 — Le Foyer de la danse à l'Opéra.

Haut., 26 cent.; larg., 48 cent.

13 — Fêtes de Versailles.

Haut., 33 cent.; larg., 26 cent.

14 — Fêtes de Versailles (l'Armée).

Haut., 24 cent.; larg., 35 cent.

15 — Fêtes de Versailles (les Peintres).

Haut., 24 cent.; larg., 34 cent.

16 — Impressions musicales.

Haut., 22 cent.; larg., 28 cent.

17 — L'Arrivée au bal de la Ville.

Haut., 21 cent.; larg., 28 cent.

18 — Diplomates en herbe.

Haut., 20 cent.; larg., 27 cent.

19 — La Seconde année.

Haut., 20 cent.; larg., 27 cent.

20 — La Retraite.

Haut., 20 cent.; larg., 30 cent.

21 — Un bon maître.

Haut., 20 cent.; larg., 26 cent.

22 — Un poëte d'à présent.

Haut., 19 cent.; larg., 25 cent.

23 — Une bonne causerie.

Haut., 20 cent.; larg., 26 cent.

24 — Jadis et aujourd'hui.

Haut., 18 cent.; larg., 24 cent.

25 — Le Départ pour le bal masqué.

Haut., 20 cent.; larg., 27 cent.

26 — Fêtes de Versailles 1837.

Haut., 18 cent.; larg., 25 cent.

27 — Intimité.

Haut., 20 cent.; larg., 26 cent.

28 — Les Amis de collége.

Haut., 20 cent.; larg., 27 cent.

29 — Les Antiquaires.

Haut., 19 cent.; larg., 22 cent.

30 — Un prétendu.

Haut., 21 cent.; larg., 27 cent.

31 — Héraclite et Démocrite.

Haut., 21 cent.; larg., 27 cent.

32 — Une triste fin.

Haut., 27 cent.; larg., 22 cent.

33 — Conversation au foyer de la danse.

Haut., 21 cent.; larg., 23 cent.

34 — Un Désappointement.

Haut., 21 cent.; larg., 28 cent.

35 — Chantilly.

Haut., 20 cent.; larg., 28 cent.

36 — La Fontaine de Jouvence.

Haut., 26 cent.; larg., 48 cent.

37 — Le Bal d'enfants.

Haut., 18 eent.; larg., 40 cent.

38 — Le Triomphe de la Méthode polonaise.

Haut., 25 cent.; larg., 30 cent.

39 — L'Allée détournée.

Haut., 25 cent.; larg., 37 cent.

40 — Les vieux Camarades.

Haut., 18 cent.; larg., 20 cent.

41 — Les Maris au bal de l'Opéra.

Haut., 28 cent.; larg., 42 cent.

42 — La Révolution de Juillet et l'Empire.

Haut., 25 cent.; larg., 30 cent.

43 — Le Monde.

Haut., 22 cent.; larg., 32 cent.

44 — Une Convalescence

Haut., 26 cent.; larg., 35 cent.

45 — Un Whist diplomatique.

Haut., 20 cent.; larg., 25 cent.

46 — State Horses.

Haut., 25 cent.; larg. 38 cent

47 — Les Degrés de l'intelligence humaine.

Haut., 24 cent.; larg., 40 cent.

48 — L'Après-dîner en province.

Haut., 27 cent.; larg., 34 cent.

49 — Le Contrat de mariage.

Haut., 24 cent. ; larg., 44 cent.

50 — La Gourmandise.

Haut., 22 cent. ; larg., 28 cent.

51 — La Paresse.

Haut., 20 cent. ; larg., 25 cent.

52 — La Colère.

Haut., 19 cent. ; larg., 40 cent.

53 — La Luxure

Haut., 20 cent. ; larg., 26 cent.

54 — L'Envie.

Haut., 23 cent.; larg., 33 cent.

55 — L'Avarice.

Haut., 17 cent.; larg., 24 cent.

56 — L'Orgueil.

Haut., 23 cent.; larg., 25 cent.

57 — Les Contrastes.

Haut., 13 cent.; larg., 38 cent.

58 — Le Coin d'un salon.

Haut., 23 cent.; larg., 25 cent.

59 — Ah ça, mon cher, savez-vous que vous rajeunissez.

Haut., 19 cent.; larg., 27 cent.

60 — Un Steeple-Chase.

Haut., 21 cent.; larg., 36 cent.

61 — L'Arrivée du Président à la Chambre des Députés.

Haut., 22 cent.; larg., 34 cent.

CARTE D'ENTRÉE

A

L'EXPOSITION PARTICULIÈRE

DES

61 AQUARELLES

PAR

EUGÈNE LAMI

DÉPENDANT DES

Collections de SAN DONATO

HOTEL DROUOT, SALLE N° 8

LE MERCREDI 30 JUIN 1875

De 1 heure à 5 heures

COMMISSAIRE-PRISEUR
Me CHARLES PILLET
10, rue de la Grange-Batelière

EXPERT
M. FÉRAL
23, rue de Buffault

Paris.— Typ. PILLET fils aîné, 5, rue des Grands-Augustins.

www.ingramcontent.com/pod-product-compliance
Ingram Content Group UK Ltd.
Pitfield, Milton Keynes, MK11 3LW, UK
UKHW020538180726
13839UKWH00006B/2580